AF577561

Von Sonntag zu Sonntag

mit Bildern
von Ruth Elsässer

7. Auflage 2016

ISBN 978-3-88069-146-9
www.mellingerverlag.de

Vorwort

Das Bilderbuch ist in den ersten Jahren des Kindes vor allem zum Betrachten mit dem Erwachsenen gedacht. Das Kind entdeckt Vertrautes und kommt mit dem Erwachsenen in's Gespräch. Beim Wiederholen des „Vorlesens" wächst dabei die Freude des Immerwiedererkennens.
Das vorliegende Buch hat seinen Namen bekommen durch den Gang durch die sieben Wochentage. Die Namen der Wochentage stammen ursprünglich nach den wesenhaft empfundenen sieben Planeten, was noch teilweise in den verschiedenen Sprachen herauszuhören ist.
Es wurde in dem Buch in Wort und Bild versucht etwas von der Stimmung einzufangen, was in der besonderen Farbigkeit auch eines jeden Werktages empfunden werden kann.

Ruth Elsässer

Liebe, liebe Sonne
Komm ein bisschen runter!
Lass den Regen droben,
Dann wollen wir dich loben!
Einer schließt den Himmel auf,
Lässt die liebe Sonn' heraus.

Ich hab mein Kindlein fein schlafen gelegt.
Ich hab’s mit roten Rosen besteckt.
Mit roten Rosen und Veigeln
Mein Kind soll schlafen und schweigen.

Hopp, hopp, hopp, Pferdchen lauf Galopp,
Über Stock und über Steine,
Aber brich mir nicht die Beine,
Hopp, hopp, hopp, Pferdchen lauf Galopp.

Trab, trab, trab, fall nur nicht herab,
Übern Berg und übern Hügel
Lauf so schnell als hättst du Flügel,
Trab, trab, trab, fall nur nicht herab.

Schritt, Schritt, Schritt, Pferdchen geh im Schritt,
Nicht zu langsam, nicht zu schnelle
Kommt mein Pferdchen von der Stelle,
Schritt, Schritt, Schritt, Pferdchen lauf im Schritt.

Schau die Entlein auf dem Teich,
Mutter rief, sie kamen gleich.
Lustig schwimmen sie umher,
Entenmutter freut sich sehr.
Alle Enten, groß und klein,
Mögen gern im Wasser sein.

Wachet auf, wachet auf,
Es krähet der Hahn,
Die Sonne betritt
Ihre goldene Bahn.

Kling, kling Glöckchen,
Wir treten auf die Kette,
Dass die Kette klingt.
Wer ist das schöne Mädchen,
Das so schöne singt?
So klar, wie sein Haar,
Hat gelebet sieben Jahr,
Sieben Jahr sind um.
Die Schönste hat sich umgedreht,
Hat einen goldenen Kranz beschert.
Ringel, Ringel, Rosenkranz
Heut noch gehn wir auf den Tanz.

Denkt euch nur, heut Nacht
Hat Mutter Kuh ihr Kälbchen zur Welt gebracht!
Ganz nah wills bei der Mutter sein
Sie gibt ihm zu trinken, dann schläft es ein.

Mäh Lämmchen mäh!
Das Lämmlein läuft in Wald.
Da stößt sichs an ein Steinchen,
Da tut ihm weh sein Beinchen,
Da schreit das Lämmchen – mäh.

Mäh Lämmchen mäh!
Das Lämmlein läuft in Wald.
Da ist der Hirt gekommen,
Hats in den Arm genommen,
Da tut es nimmer weh.